GIOVANNI BATTISTA PERGOLESI

Stabat Mater

Arranged for Soprano and Alto soli, SATB Chorus,
Strings, and Organ (optional) by
Desmond Ratcliffe

Vocal Score

Order No: NOV 072474

NOVELLO PUBLISHING LIMITED

ARRANGER'S NOTE

To indicate staccato Pergolesi uses both dots and wedges, and as they have the same meaning they have been regularised to dots. The dynamics are mainly those added by Pergolesi, but I have added some where they seem to be necessary. Small notes in brackets in the Viola part are for Violin III where it goes out of compass. This part has been included for use in schools where there might be a shortage of viola players.

The text of the *Stabat Mater* given in the *Liber Usualis* is the variant favoured by composers of this period.

D.R.

Orchestral material is available on hire from the Publisher.

© Copyright 1997 Novello & Company Ltd.

Published in Great Britain by Novello Publishing Limited
Head Office: 14-15 Berners Street, London W1T 3LJ
Tel +44 (0)20 7612 7400   Fax +44 (0)20 7612 7546

Sales and Hire: Music Sales Distribution Centre,
Newmarket Road, Bury St Edmunds, Suffolk IP33 3YB
Tel +44 (0)1284 702600   Fax +44 (0)1284 768301

Web: www.musicsales.com   e-mail: music@musicsales.co.uk

STABAT MATER

GIOVANNI BATTISTA PERGOLESI
(arr. Desmond Ratcliffe)

1 Stabat mater dolorosa

2 Cujus animam gementem

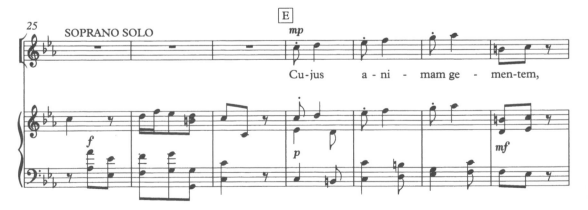

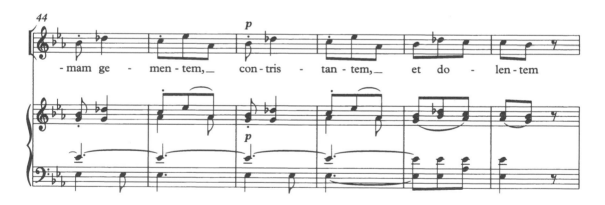

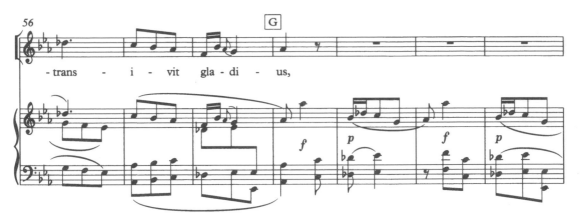

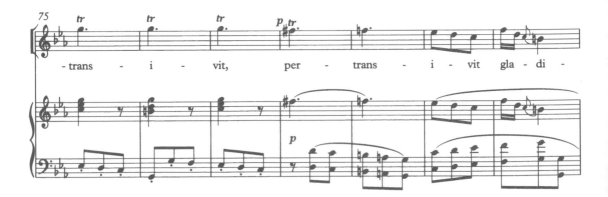

-us, cu-jus a - ni - mam ge - men-tem, con-tris - tan-tem,

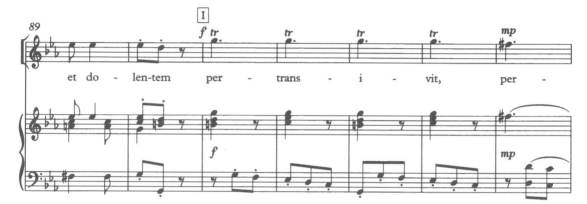

et do - len-tem per - trans - i - vit, per -

-trans - i - vit gla - di - us, per - trans -

-i - vit gla - di - us.

3 O quam tristis et afflicta

-ti, ma - ter u - ni - gen - i - ti.

-ti, ma - ter u - ni - gen - i - ti.

-ti, ma - ter u - ni - gen - i-ti.

-ti, ma - ter, ma - ter u - ni - gen - i - ti.

O quam tris-tis et af - flic-ta fu - it il - la be -ne -

O quam tris-tis et af - flic-ta fu - it il - la be -ne -

O quam tris-tis et af - flic-ta fu - it il - la be -ne -

O quam tris-tis et af - flic-ta fu - it il - la be -ne -

4 Quae moerebat, et dolebat

ALTO SOLO

Quae moe - re - bat,____ et do - le - bat,____ et do - le - bat,

et tre - me-bat cum vi - de-bat na - ti poe - nas,

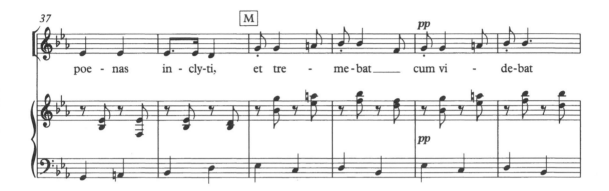

poe - nas in - cly-ti, et tre - me-bat___ cum vi - de-bat

na - ti poe - nas, na - ti poe - nas in - cly - ti,

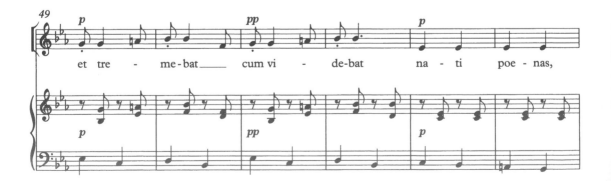

et tre - me-bat___ cum vi - de-bat na - ti poe - nas,

na - ti poe - nas in - cly - ti,

quae moe - re - bat, et____ do - le - bat,____ et____ do -

- le - bat, et tre - me - bat cum___ vi - de - bat,____

cum___ vi - de-bat, et tre - me-bat

cum vi - de-bat na - ti poe - nas, na - ti poe - nas___

in - cly - ti, et tre - me-bat cum vi - de-bat

na - ti poe - nas, na - ti poe - nas___ in - cly - ti.

5 Quis est homo qui non fleret?

18

Chris - ti ma - trem si vi - de - ret in tan - to_ sup - pli - ci - o?

Chris - ti ma - trem si vi - de - ret do -

Chris - ti ma - trem si vi - de - ret

Chris - ti ma - trem si vi - de - ret

quis? quis? Pro_ pec - ca - tis_ su - ae_

- len - tem cum fi - li - o? quis? quis? Pro_ pec - ca - tis_ su - ae_

quis? quis? Pro pec - ca - tis su - ae

quis? quis? Pro pec - ca - tis su - ae

6 Vidit suum dulcem natum

SOPRANO SOLO

Vi - dit

su - um   dul - cem na - tum   mo - ri - en - tem de - so -

-la - tum, mo - ri - en - tem de - so - la-tum, dum e - mi -

- sit spi - ri-tum.

Vi - dit_ su-um dul-cem na - tum mo - ri - en-tem

de - so - la-tum, de - so - la - tum, dum e -

-mi - sit spi - ri - tum. Vi - dit su - um dul - cem

na - tum mo - ri - en - tem de - so - la - tum, de - so - la - tum,

dum e - mi - sit, dum e - mi - sit spi - ri -

- tum.

7 Eja mater, fons amoris

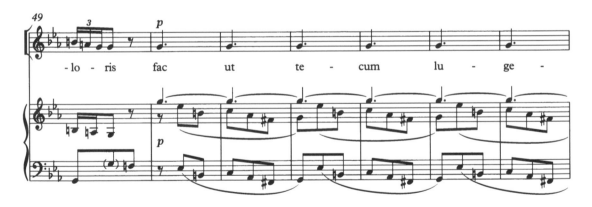

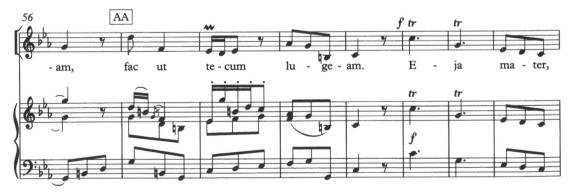

fons_ a - mo-ris, me_ sen - ti - re vim_ do - lo-ris, vim do -

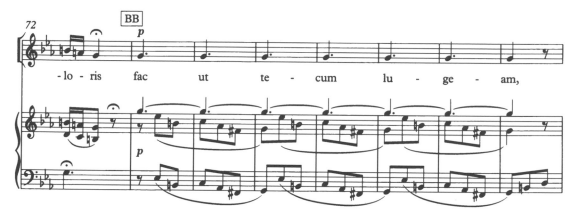

- lo - ris fac ut te - cum lu - ge - am,

fac_ ut te - cum lu - ge - am, lu - ge - am.

8 Fac ut ardeat cor meum

9 Sancta mater, istud agas

SOPRANO SOLO

San - cta ma - ter, i - stud a - gas,

i - stud a - gas, cru - ci - fix-i___ fi - ge pla-gas cor - di

10 Fac ut portem Christi mortem

11 Inflammatus, et accensus

12 Quando corpus morietur

13 Amen

Printed and bound in Great Britain by
Caligraving Limited Thetford Norfolk